L'imagerie de la France

Conception et textes :
Émilie Beaumont
assistée de Stéphanie Condé

Images :
Colette David
François Ruyer
Marie-Anne Didierjean

FLEURUS ENFANTS

ÉDITIONS FLEURUS, 11, rue Duguay-Trouin 75006 PARIS

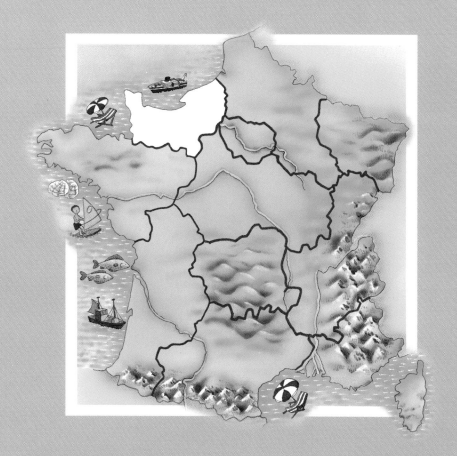

NORMANDIE

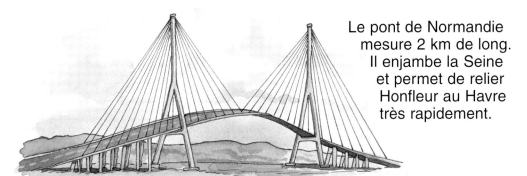

Le pont de Normandie mesure 2 km de long. Il enjambe la Seine et permet de relier Honfleur au Havre très rapidement.

À La Hague, des déchets nucléaires très dangereux sont traités.

La Hague

Cherbourg

centrale nucléaire

Ste-Mère-Église

MANCHE

Port-en-Bessin

Arromanches

Bayeux

Clécy

Villedieu-les-Poêles

Vire

Mont-Saint-Michel

Les huîtres sont élevées dans des parcs par des ostréiculteurs qui les surveillent régulièrement.

Les blockhaus qui jalonnent la côte entre Cherbourg et Arromanches sont des vestiges de la Seconde Guerre mondiale dont l'histoire est retracée au Mémorial pour la paix à Caen.

Les falaises de la côte normande sont réputées, comme celle d'Étretat avec sa grande arche naturelle.

Dieppe

centrale nucléaire

Fécamp

Chêne d'Allouville

Étretat

Neufchâtel-en-Bray

Le Havre

Seine

Rouen

Honfleur Pont-l'Évêque

Deauville
• Pont-l'Évêque

Estuaire de l'Orne

Lisieux

• Livarot

• Bernay

Évreux

Giverny

Camembert

Falaise

Argentan

Haras du Pin

Le Gros-Horloge de Rouen est original : il ne peut pas donner l'heure exacte, car il n'a pas d'aiguille pour les minutes !

Le jardin du peintre Monet, à Giverny, est un domaine superbe qui permet d'admirer des fleurs très colorées et des nénuphars.

L'ARCHITECTURE

Les chaumières à colombages, avec leur toit de chaume, d'ardoises ou de tuiles, sont les demeures traditionnelles de Normandie.

Les murs des maisons à colombages sont constitués de poutres de chêne entre lesquelles est tassée de la terre mélangée à de la paille.

Le long de la côte, d'énormes villas ont été construites face à la mer.
Sur le port de Honfleur, les maisons sont étroites et recouvertes d'ardoises.

L'ÉCONOMIE

La Normandie est surtout une région d'élevage de bovins, qui produisent du lait dont une partie sert à faire des fromages et de la crème fraîche.

Beaucoup de produits laitiers sont fabriqués en Normandie.

Le port du Havre est très actif : cargos et pétroliers s'y arrêtent.

Plusieurs centrales nucléaires produisent de l'électricité.

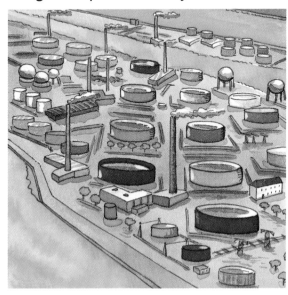

Près de Rouen, des usines traitent le pétrole : ce sont des raffineries.

LA GASTRONOMIE

Camembert, Livarot, Pont-l'Évêque, Neufchâtel-en-Bray sont des villages normands où sont nés les fromages qui portent leurs noms.

L'andouille est une spécialité de Vire ; à Caen, ce sont les tripes. La sole normande est cuisinée à la crème avec des moules et des crevettes.

Il faut : 4 grosses pommes, 1 cuillère à soupe de crème fraîche, 4 cuillères à soupe de sucre en poudre, 2 jaunes d'œufs, 1 pâte brisée.

1- Étaler la pâte et garnir un moule à tarte beurré.

2- Piquer la pâte avec une fourchette.

3- Déposer les quartiers de pommes sur la pâte.

4- Battre les jaunes d'œufs, la crème fraîche et le sucre.

5- Verser le mélange sur les pommes.

6- Faire cuire à feu doux 3/4 d'heure environ.

La tarte normande est un délicieux dessert. Pour les adultes, on peut la servir chaude, arrosée de calvados, et la faire flamber.

DES FÊTES ET DES MANIFESTATIONS

Pendant les mois d'été, plusieurs villes côtières proposent des fêtes de la Mer très colorées, en hommage aux marins, comme à Fécamp.

Lors des fêtes de la Mer, les bateaux des pêcheurs sont décorés.

À l'automne, les fêtes de la Pomme animent beaucoup de villages.

À Dieppe, tous les deux ans, a lieu un festival du Cerf-volant.

Des concours de châteaux de sable sont organisés tout l'été.

DES LIEUX POUR DÉCOUVRIR ET S'AMUSER

La Normandie propose de nombreux lieux pour se distraire, découvrir la nature ou tout apprendre sur le Débarquement.

Les automates du musée de Falaise gesticulent dans de drôles de scènes.

Près de Bernay, un parc réunit des oiseaux exotiques et des attractions.

Le musée du Chemin de fer miniature de Clécy rassemble des dizaines de trains.

La fonderie de Villedieu-les-Poêles présente la fabrication des cloches.

Lors de la Seconde Guerre mondiale, le 6 juin 1944, les Américains, les Anglais et les Canadiens ont débarqué sur les plages normandes. Des traces de ce débarquement jalonnent les plages entre Arromanches et Cherbourg.

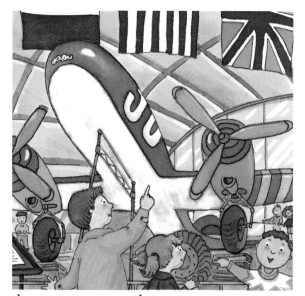 

À Sainte-Mère-Église est exposé un avion qui a servi au Débarquement et, à Port-en-Bessin, des épaves de guerre qui ont été retrouvées en mer.

L'eau qui entoure la cité du Mont-Saint-Michel peut se retirer très loin, mais on dit qu'elle remonte aussi vite qu'un cheval au galop.

Autrefois, les marins normands partaient en mer pendant plusieurs mois.
Beaucoup allaient pêcher la morue près des côtes canadiennes.
Des musées racontent ces épopées et la pêche actuelle.

À Fécamp, le musée des Terre-Neuvas
présente l'histoire de la pêche.

À Dieppe, la Cité de la mer explique
tout : les animaux marins, la pêche...

Dans la baie de l'Orne, on observe
les oiseaux dans leur milieu naturel.

Près d'Argentan, au haras du Pin,
sont élevés de magnifiques chevaux.

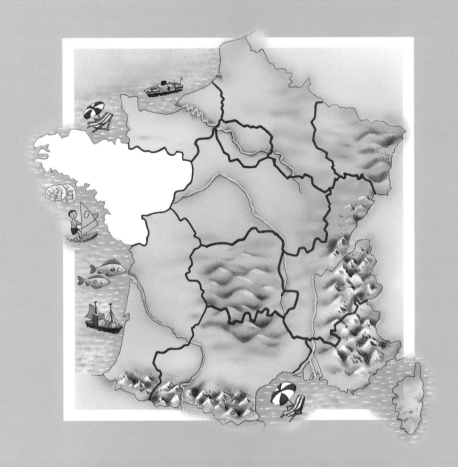

BRETAGNE
PAYS DE LA LOIRE

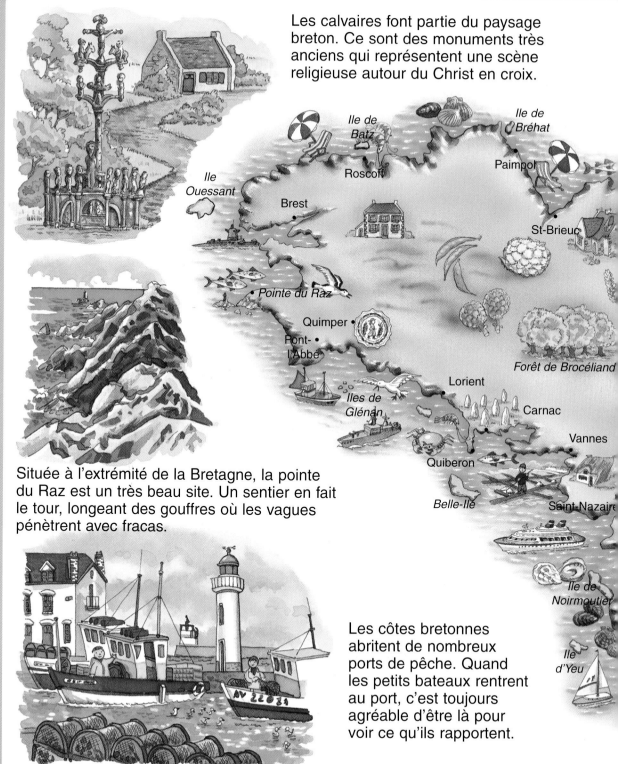

Les calvaires font partie du paysage breton. Ce sont des monuments très anciens qui représentent une scène religieuse autour du Christ en croix.

Ile de Batz

Ile de Bréhat

Paimpol

Roscoff

Ile Ouessant

Brest

St-Brieuc

Pointe du Raz

Quimper

Pont-l'Abbé

Forêt de Brocéliand

Lorient

Carnac

Iles de Glénan

Vannes

Quiberon

Situé à l'extrémité de la Bretagne, la pointe du Raz est un très beau site. Un sentier en fait le tour, longeant des gouffres où les vagues pénètrent avec fracas.

Belle-Ile

Saint-Nazaire

Ile de Noirmoutier

Les côtes bretonnes abritent de nombreux ports de pêche. Quand les petits bateaux rentrent au port, c'est toujours agréable d'être là pour voir ce qu'ils rapportent.

Ile d'Yeu

Saint-Malo est une ville entourée de remparts qui a vu naître de célèbres corsaires. Ils attaquaient les bateaux ennemis au nom du roi.

Malo

Depuis le port de St-Malo, de nombreux Bretons sont partis vers le Canada.

Villecartier

Fougères

Rennes

Laval

S A R T H E

Le Mans

Plessis-Bourré

A N J O U

Angers

Nantes

Loire

Saumur

Puy du Fou

Doué-la-Fontaine

La Roche-Sur-Yon

Les Sables-d'Olonne

À Saumur, le Cadre Noir est une grande école d'équitation. On peut visiter les installations et suivre l'entraînement des écuyers.

En Anjou, il y a de nombreux châteaux. Celui du Plessis-Bourré ressemble à un château de conte de fées.

L'ARCHITECTURE

En Bretagne et dans les Pays de la Loire, les toits des maisons sont surtout recouverts de minces tuiles en ardoise, une roche bleu foncé.

Les maisons bretonnes sont construites en granit, une pierre grise très dure. Certaines sont peintes en blanc, avec des volets de couleur.

Dans les Pays de la Loire, la pierre des maisons est de couleur crème et, en Anjou, les habitations dites troglodytiques sont creusées à même le roc.

L'ÉCONOMIE

En Bretagne, la pêche est une activité très importante. Dans les Pays de la Loire, les industries techniques et le textile sont bien développés.

De luxueux paquebots de croisière sortent des chantiers navals de Saint-Nazaire. Leur construction demande souvent plusieurs années.

Les Pays de la Loire sont actifs dans l'informatique et l'électronique.

La Bretagne attire beaucoup de touristes français et étrangers.

L'élevage et la culture font partie des principales activités de ces régions. Volailles de Vendée ou choux-fleurs bretons se vendent dans toute la France, et la récolte et le traitement des algues se développent.

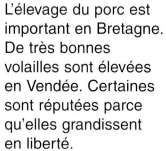

L'élevage du porc est important en Bretagne. De très bonnes volailles sont élevées en Vendée. Certaines sont réputées parce qu'elles grandissent en liberté.

Les choux-fleurs et les artichauts sont les légumes le plus cultivés en Bretagne. Asperges, champignons et fruits font la richesse de l'Anjou. Le raisin donne d'excellents vins.

En Bretagne, on récolte aussi des algues, qui sont transformées en aromates ou en savon.

LA GASTRONOMIE

La Bretagne est le pays des crêpes, mais aussi des homards. La Sarthe est réputée pour ses rillettes et l'Anjou, pour ses légumes et ses fruits.

Fouées

Crevettes, homards, tourteaux et sardines, vive les produits de la mer !

Les fouées d'Anjou sont de petits pains garnis, dégustés chauds.

Les crêpes salées s'appellent des galettes, elles sont faites avec de la farine spéciale.

Les palets bretons sont des petits gâteaux ronds et épais au beurre.

Le kouign amann est un gâteau avec beaucoup de beurre et de sucre.

La brioche vendéenne est moelleuse et dorée.

Le far breton est un flan enrichi aux pruneaux, aux raisins secs ou aux pommes.

Le chouchen est un alcool à base de miel.

La Bretagne est aussi le pays du cidre.

DES FÊTES ET DES MANIFESTATIONS

Fêtes religieuses ou manifestations folkloriques, ces régions sont riches en traditions. Les 24 Heures du Mans sont un grand événement sportif.

Pour les motos comme pour les automobiles, la course sur le circuit du Mans dure 24 heures.

Tous les ans, en juin, le festival des Géants de Saumur rassemble des chars de pays étrangers.

En été, les pardons bretons sont nombreux. Ils commencent par une messe et se poursuivent par un défilé.

À Pont-l'Abbé, lors de la fête des Brodeuses, tous les costumes bretons sont représentés.

DES LIEUX POUR DÉCOUVRIR ET S'AMUSER

Le Puy-du-Fou est le premier parc historique d'Europe, impossible de s'y ennuyer ! Le zoo de Doué-la-Fontaine est un vrai paradis pour les animaux.

Cascades équestres, métiers du Moyen Âge, funambules, dresseurs d'aigles et spectacle nocturne sont présents au Puy-du-Fou.

À Doué-la-Fontaine vivent 500 animaux de tous les continents dans un superbe parc. Une mâchoire de requin géant a même été reconstituée !

Se promener au milieu de pierres mystérieusement alignées depuis des siècles, deviner ce que cachent des rochers sculptés, découvrir une mine d'ardoise ou encore visiter des caves à champignons, que d'occupations !

À Carnac se trouvent de surprenants alignements de pierres dressées sur plusieurs kilomètres.

Près d'Angers, on peut descendre au fond d'une mine d'ardoise et découvrir comment est extraite la pierre.

À côté de Saint-Malo, un abbé a sculpté des rochers pendant 25 ans pour faire connaître l'histoire de son village.

En Anjou, dans des caves humides et sombres et des galeries souterraines est présentée la culture des champignons.

La Bretagne est un pays de légendes. En forêt de Brocéliande, on découvre l'histoire de Merlin l'Enchanteur et de la fée Viviane. De nombreux villages bretons font partie des plus beaux de France.

La forêt de Brocéliande est un lieu de contes et de mystères, où se trouve le tombeau de Merlin l'Enchanteur.

Dans le port miniature de Villecartier, on peut jouer au grand capitaine sur des mini-bateaux électriques.

À bord du bateau *Le Renard,* qui embarque à Saint-Malo, les passagers peuvent se prendre pour des corsaires !

Pendant les vacances, il est possible d'apprendre à diriger de petits voiliers grâce à des écoles de voile.

DÉCOUVRIR LES ÎLES

Au large des côtes bretonnes, il y a de nombreuses îles à visiter. Sur certaines d'entre elles, comme l'île de Batz, les voitures sont interdites.

Pour rejoindre l'île de Batz, il faut prendre un bateau depuis Roscoff. Il y a de belles promenades à faire à pied ou à vélo, et même un jardin exotique à visiter.

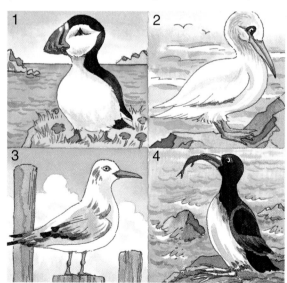

Sur les îles et les côtes bretonnes vivent beaucoup d'oiseaux : macareux (1), fous (2), mouettes (3) et cormorans (4)...

Plusieurs vedettes proposent de faire le tour des îles pour mieux les observer et admirer leurs côtes.

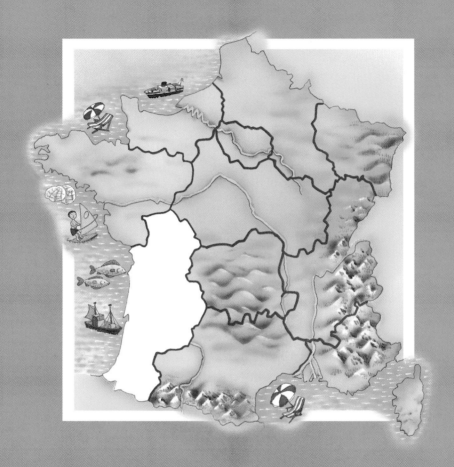

POITOU-CHARENTES
AQUITAINE

Sur l'île de Ré, le sel de la mer est récolté dans des marais salants.

Les carrelets, près de Royan, sont de petites cabanes de pêcheur surélevées.

La dune du Pilat, près d'Arcachon, est la plus haute d'Europe.

A Biarritz, les vagues sont fortes, c'est le paradis du surf ! En septembre s'y déroule le championnat du monde.

Marais poitevin

Ile de Ré

La Rochelle

Fort Boyard

Ile d'Oléron

POITO

Cognac

CHAR

Royan

Meschers

OCEAN ATLANTIQUE

Bordeaux

Arcachon

Dune du Pilat

Ga

AQUITAINE

Landes

Bayonne

Biarritz

St-Jean-de-Luz

Espelette

PAYS BASQUE

Pau

ESPAGNE

Mirebeau

Poitiers

ES

ngoulême

Dans le Marais poitevin, les hommes et les bêtes se déplacent en barque.

Sur la côte, les moules sont élevées sur des pieux plantés dans la vase : les bouchots.

L'âne du Poitou, avec ses longs poils, a bien failli disparaître. Aujourd'hui, il est protégé.

Bournat Lascaux

PERIGORD

rdogne

Castelnaud

En Charente et dans le Périgord, il reste de petites églises très anciennes aux ouvertures arrondies : ce sont des églises romanes.

• Agen

A Espelette, en octobre, les piments sont accrochés sur les façades des maisons pour qu'ils sèchent.

Autrefois, les bergers des Landes étaient perchés sur des échasses.

L'ARCHITECTURE

Les propriétaires des domaines qui produisent les célèbres vins de Bordeaux habitent généralement dans des châteaux.

Les maisons du Marais poitevin sont construites au bord de l'eau.

Près de Bordeaux, des châteaux se dressent au milieu des vignes.

Les maisons de pierre du Périgord possèdent parfois une petite tour.

Les maisons basques ont souvent des murs avec des poutres rouges.

L'ÉCONOMIE

L'océan Atlantique, les forêts de pins et les vignes sont des éléments importants de la région. Ils permettent de nombreuses activités.

Les vins de Bordeaux et le cognac comptent parmi les produits français les plus réputés dans le monde.

Grâce aux pins des Landes, l'industrie du bois est développée.

Sur la côte basque, on pêche surtout du thon et des anchois.

LA GASTRONOMIE

La truffe du Périgord est très recherchée, on se régale des fruits de mer de l'Atlantique et, au Pays basque, les tourons sont des friandises fondantes.

La truffe est un champignon. Des cochons sont dressés pour la trouver.

Au bord de l'océan, on déguste d'excellents poissons et crustacés.

La région est réputée pour sa cuisine. C'est le pays du foie gras et des bons vins, mais aussi du jambon de Bayonne, des cèpes et du gâteau basque.

DES FÊTES ET DES MANIFESTATIONS

Pendant l'été, il est possible d'assister à différents événements,
mais y participer, c'est encore mieux...

À Royan se déroule le championnat
du monde de billes sur sable.

À Angoulême a lieu une course
de vieilles voitures sur les remparts.

À Mirebeau, pendant la fête de l'Âne,
courses et concours sont organisés.

Près de Bordeaux, on s'amuse
à faire rouler des tonneaux très vite.

DES FÊTES ET DES MANIFESTATIONS

Sur chaque place de village du Pays basque, il y a un fronton : un mur contre lequel on joue à la pelote, sport favori des Basques.

La pelote est la balle que l'on doit lancer contre le fronton et rattraper grâce au chistera, un gant creux en osier. La pelote se joue aussi à mains nues.

Les Basques aiment mesurer leur force. Lors des fêtes, ils soulèvent de très lourdes charrettes et sont parmi les meilleurs du monde au tir à la corde.

DES LIEUX POUR DÉCOUVRIR ET S'AMUSER

Les balades dans le Marais poitevin, les baignades dans l'Océan ou l'escalade de la dune du Pilat n'empêchent pas quelques visites.

Au Futuroscope de Poitiers, dans un lieu très moderne, des films aux images extraordinaires sont projetés en relief et sur des écrans géants !

 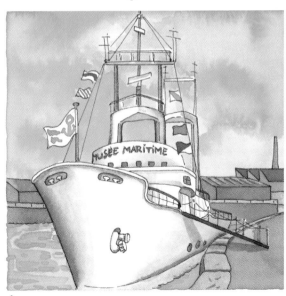

Avec ses couloirs vitrés, l'aquarium de La Rochelle est plutôt original.

À Bordeaux, le croiseur Colbert, un bateau de guerre, est ouvert au public.

Les grottes de Lascaux, qui renferment des peintures réalisées par nos ancêtres il y a 17 000 ans, ont été découvertes par des enfants. Pour les protéger, on a reproduit les dessins dans d'autres grottes : Lascaux II.

Les peintures de Lascaux représentent des animaux préhistoriques.

À Meschers, on visite des grottes qui sont d'anciens repaires de pirates !

Le château de Castelnaud abrite des armes du Moyen Âge.

Bournat est un village-musée qui fonctionne comme il y a 100 ans !

MIDI-PYRÉNÉES
LANGUEDOC-ROUSSILLON

Près de Toulouse, il y a de nombreux colombiers qui, autrefois, servaient à accueillir des pigeons voyageurs.

Dans le Tarn, il reste des ruines de châteaux forts qui étaient très importants au Moyen Âge.

Sur le pic du Midi de Bigorre, à 2 865 m d'altitude, se trouve un observatoire astronomique.

Gouffre de Padirac

Cahors

Aveyron

Auch

GERS

Toulouse

Canal du Midi

Garonne

Pic du Midi de Bigorre

Saint-Lary-Soulan

Lourdes

Beaucens

Cirque de Gavarnie

PYRÉNÉ

Dorres

ESPAGNE

Four solaire d'Ode

Le four solaire d'Odeillo est très puissant ; il capte l'énergie des rayons du soleil grâce à 95 miroirs !

Sur le plateau de la Lozère apparaissent de petites montagnes très arrondies : on les appelle des mamelons.

Le pont du Gard est une gigantesque construction réalisée par les Romains. Il atteint presque 50 m de haut !

AUBRAC

Laguiole

GÉVAUDAN

LOZÈRE

• Rousson

• Roquefort-sur-Soulzon

Pont du Gard

Albi

Tarn

Nîmes •

HÉRAULT

GARD

Rhône

Voie Domitia

Montpellier

Étang de Thau

• Sète

Carcassonne

Aude

MER MÉDITERRANÉE

…éraza

Tautavel

Perpignan

Prats-de-Mollo

La voie Domitia est la plus ancienne route de France : elle a été tracée par les Romains il y a plus de 2 000 ans.

Les joutes sétoises sont spectaculaires. Le jouteur, placé à l'avant de la barque, doit faire tomber son adversaire à l'eau grâce à sa lance.

41

L'ARCHITECTURE

En dehors des superbes bastides, d'autres villes sont attirantes, comme Toulouse, la « ville rose », ou Carcassonne et ses remparts.

Sous les toits des fermes de Haute-Garonne, on entreposait le grain.

Dans les Pyrénées, de petits chalets de berger bordent les chemins.

La région de l'Aveyron possède de nombreuses bastides. Ces villes sont constituées de maisons hautes regroupées autour d'une place centrale.

L'ÉCONOMIE

Les industries du bois et de la mécanique sont bien développées et la culture de la vigne est importante dans l'Hérault.

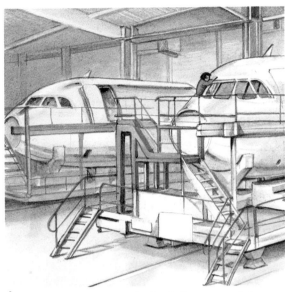

À Toulouse est réalisé l'assemblage final des avions Airbus.

La source des célèbres eaux Perrier coule dans le Gard.

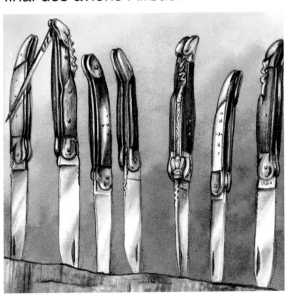

À Laguiole sont fabriqués des couteaux de très grande qualité.

Beaucoup de poteries et d'objets en cuir sont réalisés dans la région.

LA GASTRONOMIE

De nombreux plats sont à base d'oie ou de canard confits, comme le cassoulet. C'est en Aveyron qu'est fait le roquefort.

Le roquefort doit vieillir longtemps en cave avant d'être mis en vente.

Le cassoulet est un plat qui prend tout son goût en mijotant.

Cuisse de canard, foie gras, cèpes et gâteau cuit à la broche, voilà de quoi faire un bon repas accompagné, pour les plus grands, de vin de l'Aude et d'armagnac.

DES FÊTES ET DES MANIFESTATIONS

À Prats-de-Mollo-la Preste, en février, c'est la fête de l'Ours. Dans l'Aubrac, les transhumances sont gaies et les ferias de Nîmes sont célèbres.

En août, des spectacles costumés ont lieu dans les rues de Carcassonne.

Lors des ferias de Nîmes, de faux taureaux projettent des étincelles.

Au printemps, les vaches de l'Aubrac, décorées, traversent les villages.

Durant la fête de l'Ours, tout le monde s'amuse à se faire peur.

DES LIEUX POUR DÉCOUVRIR ET S'AMUSER

Dans les Pyrénées, on peut voir des aigles dressés dans les ruines d'un château à Beaucens, et des ours protégés à Saint-Lary-Soulan.

Le cirque de Gavarnie attire plus d'un million de visiteurs par an.

Au donjon des Aigles, les vautours volent au-dessus de la foule.

La Maison de l'ours présente une exposition et des ours protégés.

À Dorres, on prend des bains d'eau chaude dehors en plein hiver.

En région Languedoc-Roussillon, à Tautavel, on a découvert le plus vieil habitant d'Europe. Il aurait vécu il y a 450 000 ans.

À Tautavel, au Centre européen de la préhistoire, toute cette période est expliquée et mise en scène au travers de reconstitutions.

Au Préhistorama de Rousson sont exposées les origines de l'homme.

À Espéraza, des fouilles ont permis de reconstituer des dinosaures.

La cité de Carcassonne est célèbre, mais d'autres lieux offrent de nombreuses activités, telles que la découverte des loups du Gévaudan, en Lozère ou l'exploration d'un gouffre par une rivière souterraine.

Carcassonne est une ville fortifiée du Moyen Âge très bien préservée. Derrière ses remparts, on pourrait se croire au temps des chevaliers.

Le gouffre de Padirac est très profond. On l'explore en barque.

Les visiteurs peuvent observer les loups du Gévaudan en liberté.

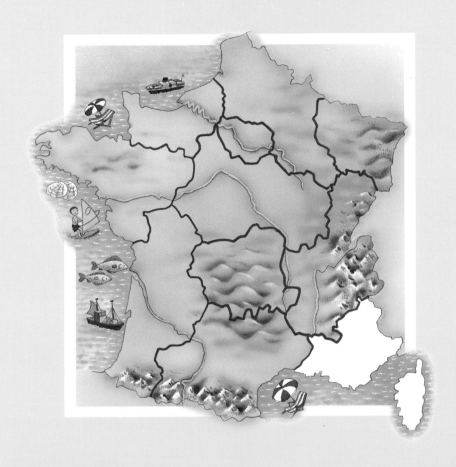

PROVENCE-ALPES
CÔTE D'AZUR
CORSE

À Roussillon, il suffit d'une promenade dans la carrière d'ocre pour avoir les baskets toutes colorées.

L'ocre est une roche brun-rouge ou brun-jaune qui sert de colorant.

Le lac de Serre-Ponçon est le plus grand lac artificiel d'Europe

L'eau du lac est retenue par un barrage.

Autrefois, le pont d'Avignon avait 22 arches et traversait le Rhône. Les habitants ne dansaient pas dessus, mais dessous, sur une île.

En Camargue, chevaux et taureaux sont rois, dans ce pays de marécages et de rizières.

Les calanques, près de Cassis, sont de vrais paradis pour les baigneurs.

Durance

Mont Ventoux

Orange

Avignon

Fontaine-de-Vaucluse

Roussillon

Cavaillon

Rhône

Durance

Glanum

PROVENCE

Arles

Moulin d'A. Daudet

Aix-en-Provence

Saintes-Maries-de-la-Mer

CAMARGUE

Marseille

Cassis

Lac de Serre-Ponçon

Digne-s-Bains

À la fin du printemps, les plaines sont trop sèches. Les bergers mènent donc les moutons en montagne, où l'herbe est meilleure.

Le Verdon est une rivière qui a creusé de magnifiques gorges.

gorges du Verdon

CÔTE D'AZUR

Monaco

Grasse

Nice

Antibes

Cannes

MÉDITERRANÉE

St.-Tropez

Le Lavandou
Le Pradet
Toulon

En Corse, la cité touristique de Bonifacio est perchée au-dessus de la mer.

CORSE

Bastia

Ajaccio

Filitosa

De nombreux artistes viennent peindre les paysages colorés de Provence.

Bonifacio

51

L'ARCHITECTURE

Au milieu de la garrigue, des buissons et des herbes sèches du Midi se dressent des maisons où il fait bon se mettre à l'abri de la chaleur.

Le mas provençal est une ferme aux tuiles rondes et aux volets pastel. Elle est souvent construite au milieu des oliviers et de la lavande.

Les bories sont de petits abris en pierres qu'utilisaient les bergers.

Les maisons corses sont souvent perchées dans les montagnes.

L'ÉCONOMIE

Les touristes, qui viennent nombreux dans la région, font travailler beaucoup de monde, mais l'industrie et les cultures sont aussi très importantes.

En Provence, grâce au climat ensoleillé, il pousse de nombreux fruits et légumes vendus partout en France. Avec les fleurs sont créés des parfums.

Les plages de la Côte d'Azur attirent des milliers de touristes.

Dans le port de Marseille, le trafic des marchandises est très important.

LA GASTRONOMIE

En Provence comme en Corse, les oliviers sont nombreux. Beaucoup de plats méditerranéens sont d'ailleurs cuisinés à l'huile d'olive.

D'abord vertes, les olives deviennent noires en mûrissant. On les récolte grâce à des filets tendus au sol.

Le melon est une spécialité de la région de Cavaillon. Il peut se déguster en entrée comme en dessert.

La bouillabaisse marseillaise est un plat de poissons et la ratatouille une préparation provençale de légumes. La charcuterie corse est réputée. Pour le sucré, les calissons d'Aix, à base d'amandes, ainsi que les fruits confits sont d'excellentes friandises.

FÊTES ET MANIFESTATIONS

Les fêtes sont fréquentes en Provence et il y en a toute l'année. Les traditions camarguaises, gitanes ou corses existent depuis très longtemps.

L'abrivado est une démonstration camarguaise. Des cavaliers traversent le village en encadrant des taureaux.

Aux Saintes-Maries-de-la-Mer, deux fois l'an, les gitans mènent à l'eau les statues de leurs saintes.

Le carnaval de Nice, qui se déroule en février, est très célèbre. La fête dure quinze jours !

En juillet, à Bastia, a lieu la Relève du gouverneur. Des personnages en costumes anciens défilent dans la ville.

DES LIEUX POUR DÉCOUVRIR ET S'AMUSER

En Provence, beaucoup de lieux touristiques ont toute une histoire, certains datent même du temps des Romains.

Il y a très longtemps, neuf papes ont vécu à Avignon dans un grand et beau palais. Désormais, tous les étés, il s'y déroule un festival de théâtre.

A Glanum, on se promène parmi les ruines d'une ville romaine.

Les arènes d'Arles ont été bâties par les Romains il y a 2 000 ans !

Des statues vieilles de milliers d'années, des moulins qui font de l'huile, des explorations souterraines, que de visites bien intéressantes !

A Filitosa, en Corse, de mystérieuses statues sont là depuis 8 000 ans !

En Provence, il reste des moulins où les olives, broyées, donnent de l'huile.

Au Pradet, dans une mine de cuivre, on peut voir de magnifiques pierres.

A Fontaine-de-Vaucluse, le musée de la Spéléologie mène sous la terre !

Sur la côte méditerranéenne, les baignades sont agréables, mais on peut aussi observer les fonds marins et assister à des spectacles aquatiques.

Au Lavandou, un bateau vitré permet de voir le fond de la mer.

Otaries, dauphins et orques se donnent en spectacle à Antibes.

Le Musée océanographique de Monaco, en plus des nombreux aquariums, renferme un squelette de baleine qui mesure 20 mètres de long !

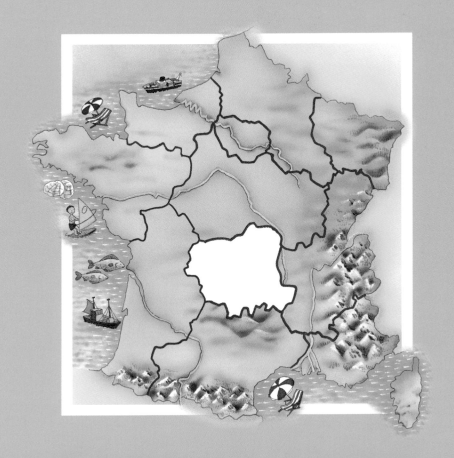

LIMOUSIN
AUVERGNE

Rivières à truites et à saumons, lacs peuplés de brochets, étangs : dans ces régions, l'eau est partout présente. C'est le paradis des pêcheurs.

À La Bourboule, située dans le parc naturel des Volcans, l'eau qui jaillit de la terre est réputée pour soigner de nombreuses maladies.

LIMOUSIN

Creuse

Oradour-sur-Glane

Aubusson

Limoges

St-Léonard-
de-Noblat

Nedde

Dordo

Égliseneuv

Brive-•
la-Gaillarde

Salers

Collonges
la-Rouge

Aurilla

*Ce temple était dédié à
Mercure, dieu du Commerce
et des Voyageurs.*

Au sommet du puy de Dôme se trouvent les ruines d'un grand temple gallo-romain.

Les spectacles de bourrée volante sont étonnants : les jeunes femmes « font l'avion » autour de leur partenaire.

La bourrée est une danse du folklore de la région.

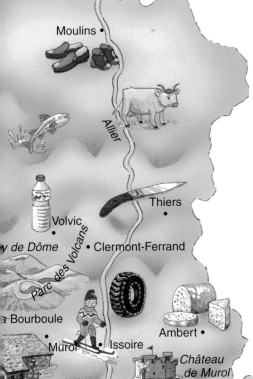

Moulins

Allier

Thiers

Volvic

y de Dôme • Clermont-Ferrand

Parc des Volcans

 Bourboule

Murol Issoire

Château de Murol

• Brioude

• Ambert •

• La Chaise-
Dieu

• Le Puy-en-Velay

Aubusson est la capitale mondiale de la tapisserie. Autrefois, on y réalisait des tapisseries pour les demeures des rois.

En Auvergne, il y a de magnifiques édifices religieux. L'intérieur de l'abbatiale d'Issoire est richement décoré.

L'ARCHITECTURE

Certaines maisons sont recouvertes de grandes pierres plates, les lauzes. En Auvergne, les constructions sont souvent en pierres volcaniques.

Les maisons de la région ont des murs épais en pierre pour protéger leurs habitants du froid rigoureux de l'hiver. Leurs toits sont souvent pentus.

Les burons sont des maisons isolées où est fabriqué le fromage.

Collonges-la-Rouge doit son nom à la couleur de ses maisons.

L'ÉCONOMIE

La région est principalement un pays d'élevage pour la viande. L'Auvergne, avec le parc naturel des Volcans, développe aussi le tourisme.

À Clermont-Ferrand est installée la célèbre entreprise de pneus Michelin.

La porcelaine de Limoges, très fine, est réputée depuis longtemps.

L'élevage, activité importante, est représenté par les vaches Salers.

La production de bois est liée à celle du papier et à l'imprimerie.

LA GASTRONOMIE

La potée auvergnate est un plat composé de viandes, de chou et d'autres légumes qui ont cuit ensemble dans de l'eau.

C'est le pays des lentilles vertes, du cantal, du saint-nectaire, du bleu d'Auvergne, de la fourme, du poisson de rivière et de diverses charcuteries.

Il faut : 200 g de farine, 4 œufs, 1 l de lait, 1 pincée de sel, 2 cuillères à soupe d'huile, 150 g de sucre, 400 g de cerises.

1- Mettre la farine dans un saladier.
2- Ajouter les œufs, la pincée de sel, 1/2 l de lait et l'huile.
3- Bien mélanger avec une cuillère en bois.
4- Ajouter le reste de lait.
5- Beurrer un moule et y déposer les cerises.
6- Recouvrir les cerises de la pâte et mettre à cuire à four chaud (210 °C) pendant 1/2 heure.
7- Sortir du four et saupoudrer de sucre.

Le clafoutis est un dessert du Limousin composé d'une pâte garnie de cerises. Si les cerises ne sont pas dénoyautées, attention aux dents !

DES FÊTES ET DES MANIFESTATIONS

En septembre, la ville du Puy-en-Velay s'anime pendant une semaine et, à Brive-la-Gaillarde, les spectaculaires foires grasses sont très attendues.

On vient de très loin pour assister aux foires grasses de Brive-la-Gaillarde : les étalages débordent d'oies et de canards.

À La Chaise-Dieu se déroule un grand festival de musique où sont donnés chaque année de très beaux spectacles.

Au Puy-en-Velay, pour les fêtes du Roi de l'oiseau, la ville se costume et célèbre un ancien concours de tir à l'arc.

La tradition de la fête de la Quintaine, à Saint-Léonard-de-Noblat, veut que des cavaliers brisent une prison de bois.

DES LIEUX POUR DÉCOUVRIR ET S'AMUSER

Les volcans d'Auvergne forment aujourd'hui de douces montagnes.
Ils se sont endormis il y a 5 000 ans après avoir craché beaucoup de feu.

Parmi ces volcans, de superbes promenades à pied, à cheval
ou à vélo tout terrain sont possibles. L'hiver, on peut même faire du ski.

Au cours des promenades on peut croiser de nombreux animaux :
rapaces, chamois ... et admirer de belles gentianes jaunes ou bleues.

En visitant les huit Maisons du parc naturel des Volcans d'Auvergne, qui sont des centres touristiques, on découvre les plantes, la vie des animaux et la fabrication des fromages de la région.

À Égliseneuve-d'Entraigues, la Maison du fromage montre comment sont fabriqués les fromages d'Auvergne.

À Volvic, dans la Maison de la pierre, l'origine de la pierre volcanique est expliquée.

À Brioude, la Maison du saumon décrit la vie étonnante de ce poisson voyageur qui vit en mer et en rivière.

À Nedde, dans le Limousin, la Cité des insectes fait découvrir le monde surprenant de ces petites bêtes.

Oradour-sur-Glane est un village martyr dont les habitants ont été brûlés dans une église pendant la dernière guerre. Dans d'autres lieux, comme au château de Murol, on remonte le temps jusqu'au Moyen Âge.

À Murol, chevaliers et seigneurs font visiter le château médiéval et expliquent comment s'y déroulait la vie à cette époque.

Le village d'Oradour-sur-Glane est resté en ruine depuis la guerre.

À Ambert, dans un moulin, le papier est fait à la main comme autrefois.

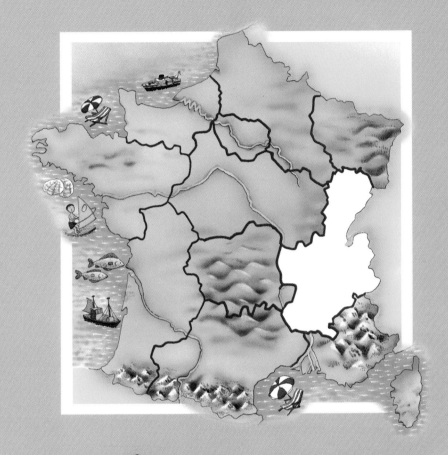

RHÔNE-ALPES
FRANCHE-COMTÉ

En été comme
en hiver, les
paysages du
massif du Mont-
Blanc et de
la vallée de
Chamonix sont
exceptionnels.
Crêtes, lacs
d'altitude, neiges
éternelles, tout
y est beau !

Dans l'Isère, le parc national
de la Vanoise est un domaine
protégé où la nature est très
préservée. On peut y observer
de nombreux animaux vivant
en totale liberté, tels
que chamois, bouquetins,
marmottes et aigles royaux.

À la fin de l'hiver, dans les Alpes,
les marmottes réapparaissent
après avoir hiberné
plusieurs mois.

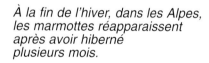

Montrottier

Lyon

St-Étienne

Valence

Vallon-Pont-
d'Arc

Pierrelatte

Saône

Rhône

Notre-Dame-du-Haut

FRANCHE-COMTÉ

Montbéliard • Sochaux

Besançon

JURA

Saut du Doubs

Charbonnières-les-Sapins •

Morteau

SUISSE

Saint-Claude

• Prémanon

Évian-les-Bains

ourg-en-Bresse

Lac Léman

Rhône

Portes du Soleil

• Chamonix Mont-Blanc

Annecy

ALPES

SAVOIE

ITALIE

aint-Antoine-l'Abbaye

DAUPHINÉ

Isère

Parc de la Vanoise

uterives •

Grenoble

En Franche-Comté, il y a des cascades naturelles. Le saut du Doubs, près de Morteau, est assez impressionnant. On peut s'en approcher en bateau.

Dans le Jura, voilà des millions d'années, le sol s'est plissé peu à peu et a créé dans le paysage une curieuse colline appelée « chapeau de gendarme ».

Notre-Dame-du-Haut, en Franche-Comté, est une chapelle surprenante à l'allure moderne et plutôt originale.

71

L'ARCHITECTURE

À Lyon, dans les vieux quartiers, on peut admirer de très beaux immeubles avec de superbes cours intérieures et des balcons en fer forgé.

Les maisons du vieux Lyon existent depuis plusieurs siècles.

Dans ce chalet savoyard, la grange se trouve sous le toit.

Ce chalet du Jura est très grand pour abriter famille et bêtes.

Très jolie ferme à colombages de Franche-Comté.

L'ÉCONOMIE

En Rhône-Alpes, l'industrie chimique est très développée.
Des centrales nucléaires fournissent aussi de l'énergie à la région.

Autour de Lyon se trouvent
de nombreuses industries.

La principale usine d'automobiles
Peugeot est installée à Sochaux.

En Franche-Comté, l'artisanat du
bois et de l'horlogerie est important.

L'hiver, dans les Alpes et le Jura,
les touristes viennent faire du ski.

LA GASTRONOMIE

À Lyon, au moment du carnaval, on se régale de délicieuses bugnes, des morceaux de pâte frits dans l'huile et saupoudrés de sucre.

Dans le Jura, saucisse de Morteau, comté et morbier sont réputés.

Dans le Dauphiné, on accompagne les viandes d'un gratin dauphinois.

Saucisson chaud ou en brioche et quenelles sont servis à Lyon.

Quand il fait froid, rien de tel qu'une bonne raclette dans un chalet !

DES FÊTES ET DES MANIFESTATIONS

De nombreuses fêtes ont lieu toute l'année. À Lyon, le 8 décembre, c'est la fête des Lumières, avec une retraite aux flambeaux et des illuminations.

Pendant l'été, un pique-nique géant est organisé au domaine des Portes du Soleil, en pleine montagne.

Tous les ans, début août, se déroule à Annecy la fête du Lac : un superbe spectacle avec feu d'artifice.

Le jour de Pâques, les enfants de Montrottier cherchent des milliers d'œufs cachés dans la ville.

Dans le Jura, pendant l'hiver, ont lieu de grandes courses de traîneaux tirés par des chiens.

DES LIEUX POUR DÉCOUVRIR ET S'AMUSER

Quand on se promène, il faut respecter la nature : ne pas marcher en dehors des sentiers, éviter de faire du bruit et de cueillir des fleurs.

De nombreux chemins sillonnent les Alpes et permettent de découvrir des paysages exceptionnels et, parfois, d'apercevoir une marmotte ou un chamois.

Pour monter à la mer de Glace à partir de Chamonix, il faut prendre un petit train à crémaillère. En haut, le spectacle est grandiose ! Sur le glacier, dans une grotte, on peut admirer des meubles taillés dans des blocs de glace.

Située près de la sortie Bollène, sur l'autoroute A7, la ferme des Crocodiles, à Pierrelatte, est un lieu exceptionnel pour découvrir ces animaux impressionnants, cousins des dinosaures.

Plus de 300 crocodiles en liberté se déplacent dans une serre tropicale sous les yeux des visiteurs.

L'élevage de vers à soie est expliqué dans une magnanerie à Vallon-Pont-d'Arc.

À Hauterives, le facteur Cheval a construit pendant trente ans le palais de ses rêves un peu fous.

Guignol et de nombreuses marionnettes du monde entier sont au musée Gadagne de Lyon.

Des insectes géants à Saint-Antoine-l'Abbaye, des dinosaures à Charbonnières-les-Sapins, un musée de l'Exploration polaire à Prémanon et un autre sur les voitures Peugeot à Sochaux, voilà quelques idées pour s'instruire en s'amusant.

Au Dino-zoo, des dinosaures grandeur nature sont exposés.

Le monde géant des insectes s'étend dans un parc boisé.

Dans un décor de glace, on découvre des expéditions polaires.

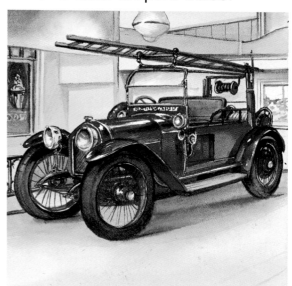

Au musée Peugeot se trouvent de nombreux modèles de la marque.

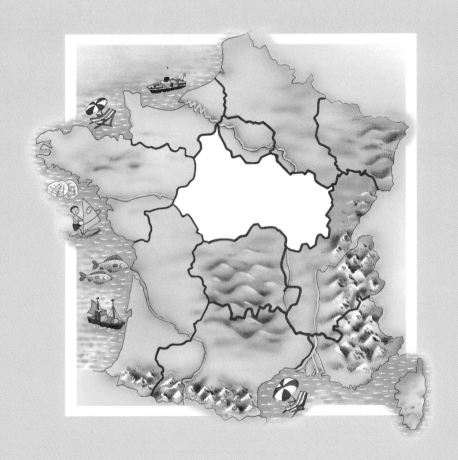

CENTRE
BOURGOGNE

Quand on se promène dans les grands champs de blé autour de Chartres, on voit soudain surgir au loin la cathédrale. C'est un spectacle étonnant. D'autres cathédrales sont aussi célèbres, comme celles de Bourges ou de Tours.

La Beauce est une région toute plate : les champs s'étendent à perte de vue. On y cultive surtout des céréales.

La région sud de Loches conserve de nombreux vestiges, témoins des hommes préhistoriques : outils, dolmens, menhirs.

Chartres

BEAUCE

Orléans

TOURAINE

Blois

Amboise

Tours

Azay-le-Rideau

Reignac-sur-Indre

Chenonceaux

Chinon

Palais de Gargantua à Charnizay.

Concressault   Bourge

Loches

Charnizày

Le long de la Loire, il y a des centrales nucléaires.

Le château de Chenonceaux a été construit à la place d'un moulin. Un musée de cire permet de rencontrer les reines et favorites qui y ont séjourné.

La basilique de Vézelay a été construite pour rassembler les pèlerins qui partaient pour Saint-Jacques-de-Compostelle, en Espagne. C'est aujourd'hui un lieu très visité.

L'hôtel-Dieu de Beaune est une grande maison où les pauvres, au Moyen Âge, pouvaient se faire soigner gratuitement. Aujourd'hui, on peut visiter ce superbe bâtiment au toit multicolore et voir la salle où reposaient les malades, ainsi que les instruments de médecine de l'époque.

Chaque année est organisée dans l'hôtel-Dieu de Beaune une célèbre vente aux enchères de bouteilles de vin.

Sens
Joigny
St-Fargeau
Auxerre
...riare
Seine
Yonne
BOURGOGNE
Vézelay
Dijon
MORVAN
Beaune
Nevers
Magny-Cours
CHAROLAIS
Saône
Dompierre-sur-Besbre
Loire
Mâcon
Solutré
Romanèche-Thorins

Au pied de la Roche de Solutré, située près de Mâcon, on a retrouvé des milliers d'ossements de chevaux vivant au temps des hommes préhistoriques. Qu'est-il arrivé ?

Le pont-canal de Briare est unique, il enjambe la Loire. De nombreuses promenades en bateau sont proposées pour découvrir ce pont original.

L'ARCHITECTURE

En région Centre, de nombreuses maisons sont en pierres blanches.
En Bourgogne, les toits s'habillent de tuiles multicolores.

Dans cette rue de Tours, les différentes façades de pierres blanches et
à colombages se succèdent, donnant beaucoup de charme au quartier.

En Bourgogne, les toits sont
de véritables chefs-d'œuvre !

De grands bâtiments sont
réservés à la conservation du vin.

L'ÉCONOMIE

La Bourgogne est une région de vignes dont les vins sont mondialement réputés. Le Centre, avec ses châteaux, attire d'innombrables touristes.

En Touraine, dans le Centre,
il y a aussi un vignoble renommé.

Le long de la Loire, les châteaux
sont très visités toute l'année.

Dans le Morvan, des milliers
de sapins de Noël sont cultivés.

La Beauce est
surnommée le
« grenier à blé »
de la France.

Dans le Centre, la culture de légumes et
de fruits est importante. En Bourgogne,
on élève un bœuf apprécié : le charolais.

LA GASTRONOMIE

Le Centre et la Bourgogne sont des régions réputées pour leur grand choix de plats délicieux et leurs très bons vins.

Quelques spécialités du Centre : gibier, conserves, fromages de chèvre, asperges, fruits et légumes.

Quelques spécialités de Bourgogne : jambon persillé, escargots de Bourgogne, gougère, époisses, côte de bœuf du Charolais, bœuf bourguignon... sans oublier la moutarde de Dijon et la crème de cassis.

DES FÊTES ET DES MANIFESTATIONS

Pendant l'été, les distractions ne manquent pas : son et lumière dans les châteaux, reconstitutions historiques, manifestations folkloriques...

Le soir, dans les châteaux de la Loire, des spectacles sont proposés, comme à Loches, où a été joué « Peau-d'Âne ».

Au marché médiéval de Chinon, en août, on rencontre des personnages en costume d'époque.

Une fresque historique est représentée au château de Saint-Fargeau, en Bourgogne.

DES LIEUX POUR DÉCOUVRIR ET S'AMUSER

En été, dans la région Centre, le plus grand labyrinthe du monde, planté de maïs et entouré de tournesols, va vous étonner à Reignac-sur-Indre.

Dans le labyrinthe, des jongleurs et des comédiens surgissent tout au long du parcours de trois kilomètres.

Pour se faire peur, il faut visiter le musée de la Sorcellerie à Concressault, dans les environs de Bourges.

Pour s'amuser et se détendre, le Touro-Parc de Romanèche-Thorins propose des attractions et un superbe zoo. Pour les passionnés de dinosaures et autres grosses bêtes, Cardo-Land, à Chamoux-Vézelay, est le lieu idéal !

Si la Bourgogne attire les adultes par la renommée de ses grands vins, elle n'oublie pas les enfants avec ses parcs d'attractions et ses musées.

Pour observer des animaux du bord de l'eau et découvrir la nature, on peut se promener sur les fleuves et les canaux.

L'Archéodrome, près de Beaune, permet de mieux connaître la vie de nos ancêtres les Gaulois.

La Fabuloserie, à Dicy, près de Joigny, expose des objets complètement farfelus réalisés par des artistes inconnus.

Au sud de la Bourgogne, à Dompierre-sur-Besbre, le Pal présente des animaux et des attractions sur l'eau.

Pour les amoureux des châteaux et ceux qui veulent se prendre pour des géants, le parc des Mini-Châteaux de la Loire est exceptionnel.

Dans certains châteaux, des scènes avec des mannequins de cire retracent la vie de l'époque.

On peut voir tous les châteaux de la Loire en une seule visite : ils ont été construits en miniature près d'Amboise.

À Amboise, les incroyables inventions de Léonard de Vinci sont présentées dans le manoir du Clos-Lucé.

Dans le musée Dufresne, à Azay-le-Rideau, de fabuleuses machines sont exposées.

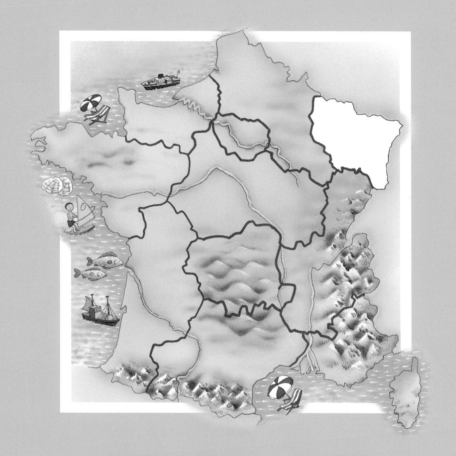

ALSACE
LORRAINE

De violents combats ont eu lieu dans la région de Verdun pendant la Première Guerre mondiale. Il reste des monuments à la mémoire de leurs victimes.

À Strasbourg se tiennent d'importantes discussions sur l'Europe, dans des bâtiments spécialement réservés à ces rencontres européennes.

LUXEMBOURG

Fort de Fermont

Metz

• Verdun

Meuse

Moselle

Bar-le-Duc •

Commercy •

Nancy

Place Stanislas

Vittel

• Contrexéville

Les montagnes vosgiennes sont peu élevées, mais l'hiver, on peut y faire du ski au milieu des superbes forêts de sapins. Les Vosges sont un paradis pour le ski de fond !

Le vin blanc d'Alsace est réputé. En septembre, les vendanges sont un moment important de l'année.

Forbach

LORRAINE

Rhin

Strasbourg

ALSACE

ALLEMAGNE

Baccarat

Épinal

Ribeauvillé • Kintzheim
Hunawihr

Gérardmer

VOSGES

La Bresse

Colmar

Château du Haut-Koenigsbourg

En Alsace, on cultive aussi du houblon, une plante dont la fleur sert à la fabrication de la bière.

Fessenheim

À Nancy, la très belle place Stanislas porte le nom d'un roi polonais qui s'occupa beaucoup de la ville.

Mulhouse •

Les images d'Épinal sont des gravures anciennes. Certaines représentent des devinettes. Ne vois-tu pas deux visages dans cette image ?

CHERCHEZ...
ET VOUS TROUVEREZ !

Le vieux Matelot

et le bon Curé

(C) Imageries d'Épinal.

91

L'ARCHITECTURE

En Alsace, les maisons sont généralement hautes et colorées.
À Strasbourg, certaines maisons très anciennes datent du Moyen Âge.

Les maisons alsaciennes ont des colombages et bien souvent de jolies couleurs. L'été, elles sont égayées par des milliers de géraniums.

En Lorraine, il reste d'importantes fermes, souvent isolées.

Les maisons des Vosges ont des toits pentus à cause de la neige.

L'ÉCONOMIE

Dans l'est de la France, les industries du textile et des métaux sont installées depuis longtemps. Dans les Vosges, les scieries sont nombreuses.

Dans ses brasseries, l'Alsace produit la moitié de la bière française.

Les sources de Vittel et Contrexéville jaillissent dans les Vosges.

La centrale nucléaire de Fessenheim fournit beaucoup d'énergie.

Les objets en cristal de Baccarat sont connus dans le monde entier.

LA GASTRONOMIE

La gastronomie alsacienne est riche et la charcuterie est savoureuse. Le vin et la bière d'Alsace sont des boissons appréciées dans toute la France.

Choucroute et quiche lorraine sont célèbres, mais le gâteau kouglof, la tarte flambée, le baekoffe (plat de viande) et les bretzels (biscuits en forme de lunettes) sont aussi des spécialités. En Lorraine, l'été, on se régale de mirabelles bien sucrées.

LES PETITS FOURS DE NOËL

Les ingrédients : 500 g de farine, 250 g de sucre en poudre, 250 g de beurre, 3 œufs, 1 grande cuillère de cannelle, 1 zeste de citron, 1 jaune d'œuf.

1- Dans le saladier contenant la farine, creuse un puits dans lequel tu places le beurre ramolli, la cannelle, le sucre, le zeste de citron et les œufs.

2- Mélange du bout des doigts pour obtenir une pâte souple. Laisse reposer au frais 24 heures.

3- Le lendemain, étale la pâte et, avec des emporte-pièces, découpe les formes que tu veux et place-les sur une tôle beurrée.

4- Badigeonne-les de jaune d'œuf et fais-les cuire à four moyen (180 °C) pendant 15 min. environ.

Au moment de Noël, les Alsaciens aiment faire des petits biscuits de toutes les formes.

DES FÊTES ET DES MANIFESTATIONS

En Alsace et en Lorraine, le mois de décembre est très animé. C'est en Alsace qu'est née la tradition de décorer un sapin pour Noël.

En décembre apparaissent les marchés de Noël, où sont vendues les décorations pour la crèche. À Nancy, le défilé de saint Nicolas est très attendu.

À Gérardmer, au printemps, se déroule la fête de la Jonquille.

À Ribeauvillé, en septembre, la fête des Ménétriers est un vrai spectacle.

DES LIEUX POUR DÉCOUVRIR ET S'AMUSER

Les promenades sont agréables en Alsace. C'est la région des cigognes :
on peut les apercevoir sur les toits ou les contempler dans un parc.

Le château du Haut-Kœnigsbourg est un superbe château fort dominant
le paysage. Pourtant perché à 757 m, il a été détruit plusieurs fois.

Dans le parc des Cigognes à Hunawihr, hérons, canards et cigognes
vivent en liberté. On peut aussi y voir des loutres et des manchots.

Sur la route du Haut-Kœnigsbourg, à Kintzheim, on peut admirer les vols majestueux des aigles. À Mulhouse, un musée rassemble des voitures rarissimes.

À Kintzheim, des aigles et d'autres rapaces sont protégés. Un peu plus loin, la montagne des Singes permet d'observer de près des singes en liberté.

Plusieurs musées alsaciens sont consacrés aux jouets, le rêve !

Au musée de l'Automobile se trouve la plus luxueuse voiture du monde.

À côté de Metz, rendez-vous avec les petits hommes bleus. Dans les Ardennes, il y a eu beaucoup de batailles lors des deux Guerres mondiales ; le fort de Fermont, qui eut un rôle important, se visite.

En compagnie des Schtroumpfs, découvre leur parc et plus de trente attractions pour s'amuser : manèges, spectacles, maquillage …

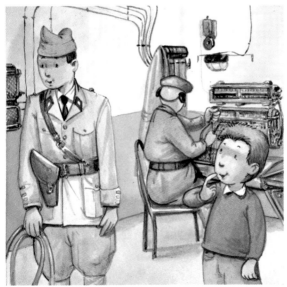

Le fort de Fermont, une vraie ville sous terre, défendait les frontières.

À La Bresse, dans les Vosges, on peut faire de la luge en plein été !

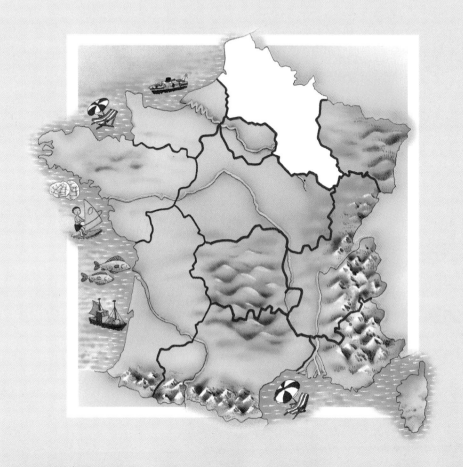

NORD-PAS-DE-CALAIS
PICARDIE
CHAMPAGNE-ARDENNE

*De superbes plages de sable fin
bordent les plages du Nord.*

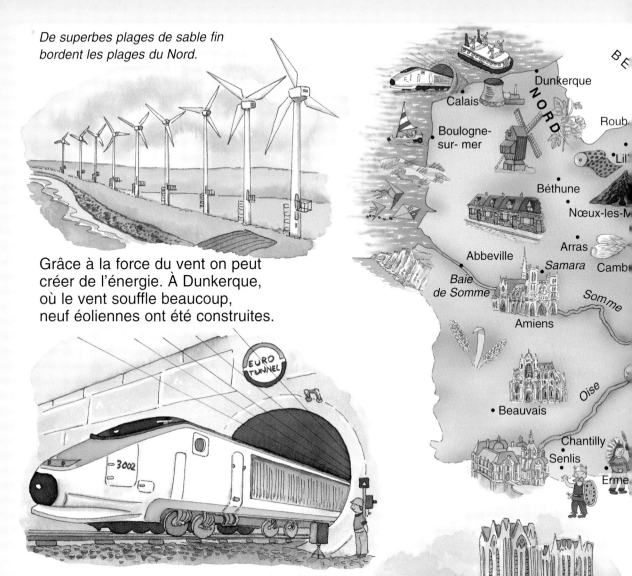

Grâce à la force du vent on peut
créer de l'énergie. À Dunkerque,
où le vent souffle beaucoup,
neuf éoliennes ont été construites.

Depuis Calais, le tunnel sous la Manche
permet de rejoindre la Grande-Bretagne
en train. Les voitures et les camions
font la traversée grâce à un train
spécial appelé « Shuttle ».

Les cathédrales d'Amiens, de Reims
et de Beauvais sont parmi les plus
belles de France. Leur construction
a demandé des dizaines d'années et
de très nombreux artisans ont participé
à ces chefs-d'œuvre.

100

De nombreux terrils, collines constituées de déchets produits par les mines, se dressent dans le paysage du nord de la France.

À Nœux-les-Mines, on a aménagé un terril en piste de ski artificielle.

ARDENNES

alencienne

Fourmies

Sedan

Laon

Belval

issons

Rethel

Reims

CHAMPAGNE

Marne

Epernay

Troyes

Les hortillonnages sont de petits jardins potagers entourés d'eau à côté d'Amiens. Les légumes sont transportés par barque.

Les faux de Verzy, à côté de Reims, sont des arbres étranges tordus dans tous les sens.

L'ARCHITECTURE

Maisons de briques, moulins à vent, petites chapelles et anciens beffrois (tours de guet)... sont les constructions que l'on découvre dans le Nord.

Les rues de la plupart des villes sont bordées de petites maisons rouges qui se ressemblent toutes et sont alignées les unes à côté des autres.

Certaines villes comme Arras ont de grandes et belles places.

Dans le vieux Troyes, il reste de jolies maisons à colombages.

L'ÉCONOMIE

Le Nord et les Ardennes sont des régions très agricoles ; les exploitations sont nombreuses. Les vignes sont la richesse de la Champagne.

Betteraves à sucre, pommes de terre, endives et céréales sont les principales cultures. Les champs sont souvent très étendus.

À Troyes se fabriquent et se vendent beaucoup de vêtements.

Le champagne, ce vin blanc pétillant, est connu dans le monde entier.

LA GASTRONOMIE

Charcuterie des Ardennes, bonbons de Cambrai appelés « bêtises », gâteau battu, macarons d'Amiens, voilà quelques spécialités alléchantes.

Dans les Ardennes sont préparés d'excellents pâtés. La spécialité de la ville de Rethel est le boudin, et celle de Troyes, l'andouillette.

Impossible de ne pas manger des « moules-frites » dans le Nord. Lors de la Grande Braderie de Lille, des montagnes de coquilles de moules se dressent devant les restaurants !

Dans le Nord, on déguste de délicieuses tartes sucrées, ou salées comme la tarte aux poireaux ou au maroilles (fromage régional). On prépare aussi les anguilles, des poissons tout allongés. Les gaufres, fines, sont parfaites pour le goûter.

DES FÊTES ET DES MANIFESTATIONS

Dans le Nord, les carnavals sont importants, comme à Dunkerque. Les défilés de géants sont très attendus et organisés dans plusieurs villes.

Les géants sont d'énormes mannequins en papier mâché ou en osier que des porteurs font danser à travers la ville.

Le Paris-Roubaix est une course cycliste célèbre qui se déroule sur des routes pavées et boueuses.

La Saint-Vincent est la fête des vignerons. Certains villages champenois organisent un défilé avec les enfants.

En juin, lors des Nuits de feu de Chantilly, de superbes feux d'artifice sont tirés dans le parc du château.

DES LIEUX POUR DÉCOUVRIR ET S'AMUSER

Grâce à de nombreux musées, on apprend comment vivaient et travaillaient autrefois les hommes des régions du nord de la France.

À Samara, près d'Amiens, les habitations et les ateliers des hommes de la Préhistoire sont reconstitués.

À Sedan, à l'intérieur du plus grand château fort d'Europe, on découvre la vie au temps des princes.

L'écomusée de Fourmies-Trélon, dans le Nord, présente de nombreux métiers pratiqués autrefois dans la région.

À Lewarde, près de Douai, on visite d'anciennes mines de charbon où le travail des mineurs est mis en scène.

La baie de Somme est un espace rêvé pour observer les oiseaux et à Belval, dans les Ardennes, vivent des animaux protégés qui étaient autrefois nombreux dans les forêts.

héron cendré

avocette

Au parc ornithologique du Marquenterre, des promenades à cheval ou à pied permettent de découvrir et d'observer de nombreux oiseaux.

Des bisons, des ours, des biches, des cerfs et des sangliers habitent le parc de vision de Belval.

Le musée vivant du Cheval à Chantilly présente de magnifiques chevaux, mais aussi des poneys et des ânes.

En Picardie, il y a deux grands parcs d'attractions où les distractions sont nombreuses. L'un emmène les visiteurs au pays des Gaulois, l'autre, en territoire indien.

Près de Laon, à Corbeny, au musée de l'Abeille, on explique d'où vient le miel et quel est le travail des abeilles.

À la Mer de Sable, près d'Ermenonville, on peut se retrouver en pleine attaque de train par les Indiens.

Spectacles, jeux d'eau, manèges, labyrinthe, promenades dans un décor gaulois, voilà de quoi s'amuser toute une journée au parc Astérix !

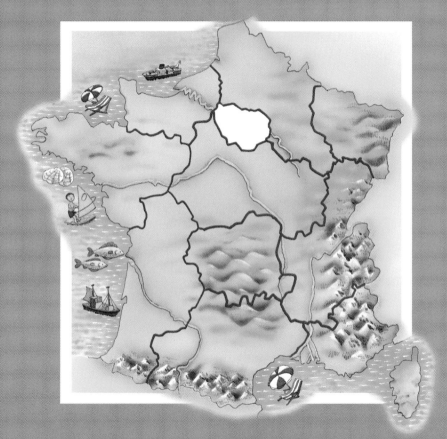

ÎLE-DE-FRANCE

L'Arc de triomphe se trouve à la rencontre de douze très grandes avenues parisiennes, dont la célèbre avenue des Champs-Élysées.

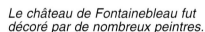

On entre au musée par une pyramide tout en verre !

Le palais du Louvre, fut la demeure des rois de France avant Versailles. C'est aujourd'hui le plus grand musée du monde !

Le château de Fontainebleau fut décoré par de nombreux peintres.

Le Centre d'art et de culture Georges-Pompidou a une drôle d'allure avec ses tuyaux, on le croirait couvert d'échafaudages !

Les rois venaient chasser dans leu château de Fontainebleau, situé au mileu d'une grande et belle forêt.

La basilique du Sacré-Cœur est construite en haut de la butte Montmartre, un quartier qui ressemble un peu à un village. Du Sacré-Cœur, par temps clair, on peut voir jusqu'à 50 km à la ronde.

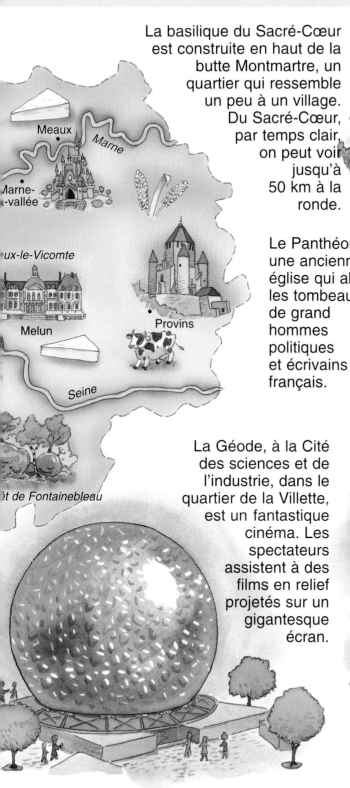

Meaux

Marne

Marne-la-vallée

ux-le-Vicomte

Melun

Provins

Seine

êt de Fontainebleau

Le Panthéon est une ancienne église qui abrite les tombeaux de grand hommes politiques et écrivains français.

La Géode, à la Cité des sciences et de l'industrie, dans le quartier de la Villette, est un fantastique cinéma. Les spectateurs assistent à des films en relief projetés sur un gigantesque écran.

La cathédrale Notre-Dame est située en plein cœur de Paris. C'est un chef-d'œuvre très ancien bâti au Moyen Âge.

111

L'ARCHITECTURE

Paris est la capitale de la France. Les quartiers les plus anciens sont dans l'île de la Cité. La Défense est parmi les plus modernes.

Le long de la Seine se dressent, alignés sur les quais, de vieux et beaux immeubles aux façades en pierre et aux toits gris en zinc.

La place des Vosges est très ancienne. Les maisons qui l'entourent sont en brique et en pierre avec des arcades.

Les maisons traditionnelles d'Ile-de-France sont blanches, avec un toit en ardoise et des fenêtres à petits carreaux.

L'ÉCONOMIE

Paris et l'Ile-de-France comptent énormément d'entreprises. À Paris se trouve le gouvernement, et on y prend les grandes décisions pour le pays.

Grand centre administratif et financier, Paris est aussi une ville très riche en musées et théâtres. C'est également la capitale mondiale de la mode.

Dans la région parisienne sont installées plusieurs usines de grandes marques automobiles françaises.

Près de Paris, Aerospatiale assemble des parties de la fusée Ariane 5, qui rejoignent ensuite la Guyane par bateau.

LA GASTRONOMIE

La région parisienne ne possède pas vraiment de spécialités, mais à Paris, on peut déguster toutes les cuisines du monde.

Il est très facile de manger chinois, italien ou indien. On peut aussi goûter un bon cassoulet ou une choucroute ; mais au fait, d'où sont ces plats ?

Brasseries, petits bistrots, restaurants avec vue superbe sur Paris, dîner sur une péniche... Le choix est grand pour se restaurer dans la capitale.

DES FÊTES ET DES MANIFESTATIONS

Dans l'année, plusieurs manifestations rassemblent beaucoup de monde à Paris. Certains quartiers ont leurs propres fêtes.

Des centaines de petits groupes animent la fête de la Musique, en juin.

En juin encore, la course des Garçons de café dans les rues est très amusante.

De grandes fêtes foraines s'installent à Paris tout au long de l'année.

Pour le 14-Juillet, un grand feu d'artifice est donné près de la tour Eiffel.

À Noël, on peut admirer toutes les vitrines animées des grands magasins.

En janvier, c'est la fête du Nouvel An chinois dans le 13e arrondissement de Paris.

DES LIEUX POUR DÉCOUVRIR ET S'AMUSER

En montant dans l'une des tours de la cathédrale Notre-Dame, on voit une énorme cloche, le bourdon, qui sonne pour les grandes occasions.

Il existe différentes façons d'admirer la ville : depuis les trois étages de la tour Eiffel, ou bien encore au fil de la Seine, en bateau-mouche.

Sur les quais, oiseaux, lapins, souris, tortues... attendent un maître.

À Montmartre, des dessinateurs font ton portrait en quelques minutes.

Plusieurs musées parisiens sont particulièrement intéressants pour les enfants. On peut y apprendre des milliers de choses sans s'ennuyer. Certains proposent même des vidéos explicatives !

Découvrir les mystères de la nature, des hommes et des animaux, c'est un vrai plaisir en visitant la grande galerie de l'Évolution et le musée de l'Homme.

À la Cité des sciences, un espace de découverte est réservé aux enfants.

Le musée de la Marine présente des maquettes extraordinaires.

Plonger dans une piscine à vagues, se voir complètement déformé,
ou aller passer la journée à Disneyland Paris, que de distractions !

À l'Aquaboulevard de Paris, gare
aux vagues et vive les toboggans !

Au musée Grévin, les personnages
de cire et les miroirs sont trompeurs !

Le parc d'attractions de Disneyland Paris, à Marne-la-Vallée, est
immense. Été comme hiver, il y a des animations pour tous les goûts.

Aux portes de Paris se trouvent deux bois. Dans chacun d'eux il y a un zoo. Pour trouver une très grande forêt, il faut aller à Fontainebleau.

Dans le bois de Boulogne, au Jardin d'Acclimatation, petit train, jeux et animaux attendent les enfants. Au bois de Vincennes, le zoo abrite beaucoup d'espèces.

On peut assister à des courses dans les hippodromes autour de Paris.

Dans la forêt de Fontainebleau, il y a des rochers à escalader !

Faire un safari et croiser des animaux de la savane en liberté à côté de Paris, c'est possible dans les parcs de Thoiry ou de Saint-Vrain ! À Versailles, le château est parmi les plus somptueux de France.

À Saint-Vrain ou Thoiry, on observe sans danger les animaux depuis la voiture. Des singes grimpent parfois sur le capot !

A Elancourt, on peut admirer toute la France en une seule promenade : des Alpes au Mont-Saint-Michel, tout y est !

Le château de Versailles est grandiose et ses jardins avec de nombreux bassins sont immenses. C'est le Roi-Soleil qui l'avait fait construire. Près du château, la reine avait fait bâtir un hameau et une ferme, où l'on peut encore voir des animaux.

DOM-TOM

Très loin de la France, il existe des terres françaises : ce sont les départements et territoires d'outre-mer : les DOM-TOM.

Aux Antilles, la Guadeloupe et la Martinique sont des îles sur lesquelles il y a encore des volcans en activité comme, la montagne Pelée (Martinique) ou la Soufrière (Guadeloupe).

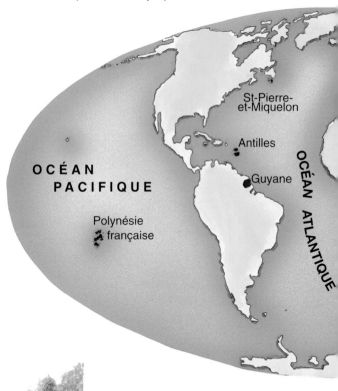

St-Pierre-et-Miquelon

Antilles

Guyane

OCÉAN PACIFIQUE

OCÉAN ATLANTIQUE

Polynésie française

La Polynésie française, en plein océan Pacifique, est un ensemble d'îles de rêve, bordées d'une eau turquoise, de cocotiers et de plages de sable blanc.

La Guyane est recouverte par la forêt tropicale amazonienne. Les habitants vivent sur les côtes et le long des fleuves qui traversent la région.

Sur l'île de Mayotte, le soleil et l'humidité font pousser de nombreuses plantes. La fleur de l'Ylang-ylang est utilisée en parfumerie.

L'île de la Réunion se trouve dans l'océan Indien. C'est une île volcanique aux paysages variés et colorés.

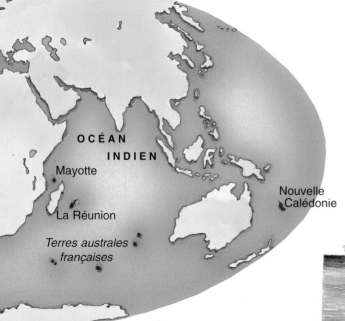

OCÉAN
INDIEN
Mayotte
Nouvelle
Calédonie
La Réunion
Terres australes
françaises

En Nouvelle-Calédonie, dans le Pacifique, il y a de nombreuses mangroves, des forêts d'arbres qui poussent « les pieds dans l'eau ».

Les territoires français de l'Antarctique, au pôle Sud, ont un climat rude. Seuls y sont installés des missions scientifiques... et des manchots

L'ARCHITECTURE

Sous les tropiques ou près des pôles, les maisons des départements et territoires d'outre-mer ont chacune leurs caractéristiques.

Aux Antilles, les maisons, souvent en bois, ont une véranda ouverte.

En Polynésie, des habitations sont recouvertes de palmes de cocotier.

En Nouvelle-Calédonie, certains habitants vivent dans des cases.

Les maisons colorées de Saint-Pierre-et-Miquelon égaient le paysage.

LA GASTRONOMIE

Dans les îles, la cuisine sucrée-salée est répandue. Des fruits accompagnent les plats de viande. Aux Antilles, le rhum est une spécialité.

Poulet au coco, brochettes de porc et d'ananas, plats de poissons, grosses crevettes, voilà des mets typiques des îles françaises ! Aux Antilles, on prépare des acras de morue, sortes de beignets, et des gombos, légumes préparés cuits ou en salade.

Ces fruits et plantes exotiques que l'on ne connaît pas tous très bien en France se retrouvent dans de nombreux plats, desserts et boissons.

L'ÉCONOMIE

Pour les îles chaudes des DOM-TOM, le tourisme est une des activités principales. Grâce au soleil, il y a aussi d'autres richesses.

Les Antilles et Tahiti accueillent de très nombreux vacanciers.

Réunion, Guadeloupe et Martinique produisent de la canne à sucre.

vanille

cannelle

Beaucoup de produits exotiques en vente en France proviennent de ces régions éloignées : vanille et cannelle de Mayotte, bananes et ananas de Martinique...

Pour ces régions, les ressources de la terre et de la mer sont essentielles. La Guyane possède aussi une base scientifique et technique célèbre.

La Guyane est presque entièrement recouverte de forêts que l'on exploite.

À Kourou, en Guyane, ont lieu les lancements de la fusée Ariane.

La Nouvelle-Calédonie est riche en nickel, un métal présent dans le sol.

À Saint-Pierre-et-Miquelon, on est marin-pêcheur de père en fils.

DES FÊTES ET DES MANIFESTATIONS

Il existe des pays où les carnavals sont extraordinaires : ils durent plusieurs semaines. Dans les DOM-TOM, les traditions ne manquent pas !

À la Réunion, la marche sur le feu est une cérémonie religieuse étonnante : les fidèles marchent sur des braises !

Le carnaval de Cayenne, en Guyane, est un des plus grands du monde. Il y a une ambiance folle !

Les Polynésiens organisent de magnifiques courses de pirogues. Ces compétitions sont prises très au sérieux.

À Mayotte, la danse du Pilon est une danse traditionnelle de femmes et de jeunes filles.

DES LIEUX POUR DÉCOUVRIR ET S'AMUSER

Que ce soit aux Antilles, à la Réunion, en Guyane, à Mayotte, à Tahiti ou en Nouvelle-Calédonie, la nature offre des trésors extraordinaires.

Dans ces régions, on peut admirer des fleurs splendides dans la nature ou dans des jardins botaniques.

L'aquarium de Nouméa est réputé. Il contient de très beaux coraux et des poissons des mers du Sud.

Les forêts de Guyane abritent des oiseaux de toutes les couleurs, comme les perroquets et les toucans.

À Mayotte et en Guyane, il est possible d'assister au fabuleux spectacle des tortues venant pondre sur les plages.

Des plages de rêve pour les baignades, des paysages de volcans et de forêts tropicales pour les promenades, des spectacles joyeux pour danser et chanter, voilà de quoi passer de bons moments !

Aux Antilles ou en Polynésie, l'envie de se baigner est irrésistible !

Quel plaisir de regarder danser les Tahitiennes couvertes de fleurs !

À la Réunion, de très belles randonnées font découvrir l'île.

En Guadeloupe, de superbes chutes d'eau rafraîchissent les touristes !

PETITS CONSEILS POUR DES SORTIES RÉUSSIES

Lorsque l'on prévoit un voyage ou une sortie, l'Imagerie de la France est bien utile, mais l'on peut aussi se renseigner auprès d'organismes spécialisés.

Où se renseigner ?

Dans chaque ville, il y a un office de tourisme ou un syndicat d'initiative qui se fera un plaisir de vous donner toutes les informations dont vous avez besoin sur simple appel téléphonique, demande écrite ou même directement sur place.

Que demander ?

Auprès des offices de tourisme, il faut s'informer sur les horaires d'ouverture des sites à visiter, demander s'ils sont intéressants et prévus pour l'âge des enfants qui vous accompagnent et l'itinéraire pour s'y rendre. Vous pouvez aussi obtenir d'autres renseignements comme les horaires des marées, les fêtes locales, les locations de vélos...

En route !

L'Imagerie de la France ne présente pas tous les musées, lieux et fêtes qui sont intéressants pour les enfants. Il y en a bien d'autres dont nous n'avons pas pu parler mais qui sont tout aussi attrayants. Quelquefois, c'est par hasard que l'on fait la découverte d'un village protégé, d'une grotte préhistorique, d'un zoo ou d'un musée passionnant.

TABLE DES MATIÈRES

ISBN : 2.215.060.52.2

© Éditions FLEURUS,1997

Dépôt légal mai 1997

Imprimé en Italie